RÉPONSE AU DISCOURS

DE

M. LE MINISTRE DE L'INSTRUCTION PUBLIQUE

A LA DISTRIBUTION DES PRIX
DE LA SOCIÉTÉ D'ENSEIGNEMENT PROFESSIONNEL
DU RHÔNE

PAR

F. VARAMBON

LYON
ASSOCIATION TYPOGRAPHIQUE LYONNAISE
Regard, rue Tupin, 31

1867

RÉPONSE AU DISCOURS

DE

M. LE MINISTRE DE L'INSTRUCTION PUBLIQUE

A LA DISTRIBUTION DES PRIX

DE LA SOCIÉTÉ D'ENSEIGNEMENT PROFESSIONNEL

DU RHÔNE.

> Mais de l'heure que tu aymeras mieux être ami et allié des Grecs que serf du roy de Perse, estime que ces hommes de guerre, ces armes et ces navires et nous tous sommes pour défendre les biens et ta liberté à l'encontre de lui, sans laquelle il n'y a rien de beau, de bon, ni désirable en ce monde.
> (*Vies des Hommes illustres*, t. II, *Agesilavs*, p. 17, par Plutarque de Chœronee, translatées par M. Jacques Amyot, conseiller du roy. — Paris, chez Adr. Perier, MDC.

Notre ville vient d'avoir l'honneur d'un discours ministériel; une distribution de prix aux élèves de la Société d'Enseignement professionnel, nouvellement fondée à Lyon, a été l'occasion de cette décentralisation intellectuelle. Plus ce fait est rare et plus il peut paraître important. Plus les paroles sont autorisées et plus grande peut en être l'influence; plus soigneusement aussi il nous semble qu'on doit les apprécier.

Si l'on n'avait à tenir compte que des sentiments et des intentions, nous n'aurions sans doute qu'à remercier M. Duruy de son discours si remarquable. Il y a naturellement dans les pensées généreusement exprimées un charme qui attire et un sentiment qui commande la persuasion; c'est là l'effet de l'éloquence et du talent, et ces deux forces ne font certes pas défaut à M. le Ministre de l'instruction publique.

Mais tout discours est la conséquence d'une théorie, et tous les hommes de bon sens et de bonne foi doivent se soustraire à l'impression qu'ils ont éprouvée,—à ce vent, comme dit Charron, qui surprend et emporte quelquefois les plus fermes et asseurés, s'ils ne se tiennent sur leurs gardes, — pour ensuite se rendre compte des idées et les analyser au creuset de leur raison ; cette étude doit être d'autant plus sévère que l'émotion a pu être plus grande ; selon l'expression de M. le Ministre, il faut toujours en revenir au *sentiment juste de la réalité.*

Or, il nous a semblé apercevoir dans la doctrine officielle une équivoque d'autant plus dangereuse que, d'accord sur les conséquences, nous ne pouvons en accepter les principes.

M. le Ministre parle de la liberté en de tels termes que l'on

pourrait croire sa doctrine libérale; elle l'est peut-être dans sa pensée, nous avons le regret de dire alors que ce résultat n'est que le produit d'une contradiction. C'est là ce que nous voulons démontrer de bonne foi, sans parti pris, et afin que personne ne puisse se faire illusion, car il est impossible d'être à la fois l'ami sincère de la liberté et le serviteur dévoué du pouvoir absolu ; il faut opter.

M. le Ministre ne cache pas sa pensée ; c'est au pouvoir qu'il appartient de *diriger* les masses. Si les bourgeois peuvent se conduire seuls, les ouvriers ne le peuvent pas sans une *main amie* qui est celle du pouvoir. L'Empereur a entrepris de *créer* les mœurs de la liberté, son but est le soulagement, par son intervention constante, de la classe la plus pauvre.

Telle est, tout le monde en conviendra, la doctrine qui se dégage des paroles officielles. C'est cette doctrine que nous trouvons dangereuse et contre laquelle nous protestons de toute la force de nos convictions.

Nous disons d'abord qu'il nous est impossible de comprendre, avec les principes de 89, ces distinctions de classes : des bourgeois et des ouvriers. Il n'y a en France que des citoyens égaux en droits, et nous ne pouvons que nous étonner de voir un Ministre proclamer la nécessité de la tutelle pour les ouvriers et la liberté pour les bourgeois. Cette distinction, même pour M. le Ministre, ne devrait pas exister, puisqu'il reconnaît lui-même en fait que cette distinction disparaît de plus en plus, à tel point qu'il devient difficile d'indiquer la ligne de démarcation entre ces deux classes. D'ailleurs, c'est une supposition au moins gratuite que de considérer les ouvriers comme incapables. Si M. le Ministre connaissait mieux nos ouvriers lyonnais et leurs œuvres quand ils sont libres, il abandonnerait sans doute son hypothèse; cependant il ne faut pas les flatter, ils ont encore beaucoup à apprendre, mais alors il faut dire à M. le Ministre de l'instruction publique que la meilleure école est celle de la Liberté.

Arrivons à la théorie en elle-même, théorie qui consiste à proclamer la nécessité de l'intervention du gouvernement pour sauvegarder les intérêts, au moins ceux des ouvriers.

Assurément nous ne voulons pas faire un cours sur les attributions du pouvoir exécutif; qu'il nous soit seulement permis d'établir en peu de mots ce que nous croyons être, sur ce point, la vraie théorie libérale.

La liberté est l'essence même de l'homme; elle est la cause de sa perfectibilité; de même la liberté pour un peuple est sa raison d'être et la cause de son progrès.

La satisfaction des besoins légitimes est un *droit*, et qui dit *droit*, dit implicitement liberté.

Il n'y a donc pas de gouvernement au monde qui ait pour mission, sous prétexte d'amélioration ou de progrès, de donner lui-même et par lui seul satisfaction aux besoins légitimes; il n'a qu'une seule mission, c'est de ne pas les entraver, c'est de protéger la liberté, c'est de garantir le droit, par cette raison que ce n'est que par la liberté et le droit que l'on peut arriver à la satisfaction des besoins légitimes. La seule mission d'un gouvernement est de travailler à se rendre inutile.

Restreindre d'une manière quelconque et avec les meilleures intentions, je le veux bien, la liberté individuelle, c'est attenter à la perfectibilité humaine; attenter à la liberté d'un peuple, même pour le secourir, c'est compromettre le progrès social; car la résultante des libertés ou des droits légitimes n'est autre chose que le progrès.

N'a-t-on pas démontré depuis longtemps, et M. le Ministre l'aurait-il oublié, que tous les intérêts légitimes sont harmoniques et non antagoniques, qu'il n'y a par conséquent qu'à les laisser agir et non à les diriger? C'est la force de l'attraction dans chaque molécule d'eau qui donne au fleuve son courant; c'est la force de la liberté dans chaque individu qui donne à un peuple son progrès; vouloir remplacer l'attraction ou la liberté par votre propre force c'est ne produire que la tempête ou le désordre.

Le jour donc où un gouvernement quelconque veut diriger les libertés il fausse le mouvement, il détruit l'équilibre, il change le courant, il entrave le progrès.

Or c'est là précisément le système de M. le Ministre. Il veut, dans une bonne intention, j'en suis persuadé, gouverner les libertés, il le dit, il l'avoue; or, quelle que soit l'intention, il avoue par cela même qu'il supprime la liberté.

Oui, « la liberté c'est l'ordre en mouvement; oui, le pou-
« voir est une délégation faite par la liberté même pour
« assurer sa marche et défendre les droits de tous en con-
« tenant les excès de quelques-uns; » (au moyen de la *loi*,
bien entendu); nous sommes d'accord.

Mais n'ayons pas un pouvoir qui donne le mouvement et qui mette à lui seul l'ordre dans ce mouvement; car le mouvement c'est la liberté même, et l'ordre c'est la *loi*, c'est-à-dire la résultante des libertés voulant. Du moment que vous êtes indispensable à la fois pour donner le mouvement, l'impulsion, et pour donner l'ordre, c'est-à-dire la règle des mouvements, des libertés, vous avez supprimé la liberté, c'est-à-dire la force, la vie : — ou je me trompe fort, a dit Voltaire, ou Locke a très-bien défini la liberté : *puissance;* — vous vous êtes substitué à l'individu, comme à la nation, vous avez étouffé la vie nationale dont vous vous dites l'organe; le pays n'est plus qu'un corps inerte et impuissant que vous croyez pouvoir ranimer en lui communiquant une vie gouvernementale qui n'est que factice, et par cela même, suivant nos prémisses, vous avez arrêté le progrès et vous êtes obligé, à votre satisfaction, je le reconnais, de jouer à la Providence et de créer des ressources que la liberté nous eût données plus abondantes et plus fécondes. Vous êtes obligé, en un mot, de guérir un malade que vous avez rendu tel, dont au moins vous avez aggravé la maladie, car nous ne prétendons pas que la liberté soit sans inconvénients, mais nous soutenons qu'elle en a moins que votre initiative et même votre sollicitude.

Si encore vos remèdes étaient efficaces, nous pourrions peut-être ne pas nous plaindre ; mais en théorie ils ne peuvent pas l'être, car tout l'argent auquel vous donnez cette destination, provenant de l'impôt, constitue un prélèvement au profit de quelques-uns, au préjudice de tous, et devient ainsi une cause de trouble et de malaise. Et, en outre, M. le Ministre ne se doute pas que les faits se chargent de réfuter sa doctrine de la manière la plus éclatante. En effet, tout son discours se réduit à ceci : Jamais on n'a tant fait pour vous, ouvriers, déshérités, faibles, pauvres qui formez une classe sacrifiée à côté de celle des bourgeois puissants et capitalistes ; et M. le Ministre montre avec complaisance l'arsenal de cette réglementation, de cette législation populaire, et il vante tous ces remèdes empiriques. Eh bien ! ce que M. le Ministre ignore, c'est que jamais peut-être les ouvriers n'ont tant souffert ! Et le gouvernement le sait bien, puisque jamais il n'a tant donné. Je ne crains pas, hélas ! d'être démenti par eux ni par mes concitoyens, en général (car je ne fais pas de distinction, même à cet égard, entre les bourgeois et les ouvriers). Si cependant un démenti m'est donné sur ce point de fait et si l'on me prouve que je suis dans l'erreur, je m'empresse de déclarer d'avance que j'accepterai cette rectification avec reconnaissance et joie au cœur, sans pour cela avoir besoin de modifier ma théorie, car je suppose que les ouvriers veulent devoir, comme moi, leur bien-être à leur droit et non à un bienfait sans liberté.

Nous sommes un peu de la race du loup de la fable. Le chien lui dit :

> Quittez les bois, vous ferez bien :
> Vos pareils y sont misérables,
> Cancres, hères et pauvres diables
> Dont la condition est de mourir de faim.
> . . . .
> Suivez moi, vous aurez un bien meilleur destin.

Le loup se sent ému, vous vous en souvenez par ce petit discours officiel où on lui promet les dons et les caresses du maître.

Mais :

> Chemin faisant, il vit le cou du chien pelé.

Vous savez le reste :

> . . . . . Maître loup s'enfuit et court encor.

La liberté ne produirait-elle pas le bien-être, que nous préférerions encore être un peu moins heureux et un peu plus libres.

Que si l'on se retourne en nous disant que, dans tous les cas, les ouvriers souffriraient encore davantage si on ne faisait rien pour eux, nous répondrons : Vous n'en savez rien, faites-en l'essai, nous n'avons jamais été entièrement libres, car nous paraissons préparés dans notre pays à n'avoir pour la liberté qu'un amour platonique, c'est-à-dire exclusif de la possession. Nous répondrons encore : Au lieu de tant nous protéger, rendez-nous nos *libertés nécessaires*, et vous n'aurez pas besoin de tant nous protéger et de tant nous le dire; que votre *main amie*, au lieu de nous guider à chaque pas dans votre Eden social, se contente d'en tenir la porte ouverte, nous saurons bien y entrer tout seuls.

D'ailleurs, M. le Ministre, qui aime les études historiques, en conviendra lui-même. Il suffit de considérer les effets économiques de la Révolution française pour rester convaincu que le meilleur moyen d'améliorer, même matériellement un pays, est de lui laisser sa liberté.

Si Lyon a été une ville commerciale et prospère, même avant la Révolution, c'est que jusqu'au XVIIe siècle elle n'avait ni corporations, ni maîtrises, c'est qu'elle jouissait de la *liberté* commerciale; c'est M. le Ministre lui-même qui en fait la remarque.

Si, depuis la Révolution, notre ville a pu s'attirer cet éloge dont elle a droit d'être fière, d'avoir devancé toutes les villes de France par ses établissements scolaires ou hospitaliers, M. le Ministre oublie de dire qu'elle jouissait alors de son antique liberté municipale. Avant d'avoir les fleurs de lys dans son écusson, elle montrait avec orgueil *son lion;*

et encore si elle a placé les fleurs de lys dans son écusson, M. le Ministre, qui sait l'histoire, aurait pu nous dire que ç'a été en signe de ses franchises municipales reconnues et garanties par la royauté. Elle était moins belle, moins fastueuse qu'aujourd'hui, mais elle était plus sage, plus économe et plus heureuse. Elle appliquait ce précepte de Mentor : — C'est le nombre du peuple et l'abondance des aliments qui forment la vraie force et la vraie richesse d'un royaume. (V. *Télémaque*, liv. XXII). — Cette liberté municipale si chère, et dont aussi elle était si fière, n'est plus pour elle qu'un souvenir, une occasion de vifs regrets et de pressantes réclamations......

Dès que la liberté manque, nous ne saurions trop le répéter, le progrès est compromis. Assurément il y a progrès dans la création de la Société d'Enseignement professionnel ; mais qui nous dit qu'il n'y aurait pas beaucoup d'autres progrès réalisés, et peut-être plus importants, si nous avions dans notre ville l'émanation même de notre liberté, je veux dire notre conseil municipal. M. le Ministre, qui a parlé d'une manière si touchante et si vraie de l'importance de l'éducation des femmes, va nous comprendre : L'illustre major-général Martin a désigné dans son testament, pour participer à ses bienfaits, les enfants des *deux sexes*, et l'Académie de Lyon devenant, quant à ses intentions pieuses, son exécutrice testamentaire, a exprimé le même désir. Cependant à La Martinière il n'y a pas d'école professionnelle de filles ! Loin de moi la pensée de toute accusation, je constate un fait, et je veux simplement faire entrevoir que si les intérêts légitimes suivaient leur libre cours, il est probable que les Lyonnais auraient eu à cœur de réaliser cette grande pensée d'un concitoyen qui est une de leurs gloires.

Laissez-nous donc toutes nos libertés, et, par une pente naturelle, tous les intérêts viendront s'harmoniser et former comme un fleuve bienfaisant qui répandra partout l'abondance et le bien-être.

Notre but, en effet, est l'amélioration de notre sort. Permettez que ce ne soit pas le vôtre ; nous vous remercions de vos bonnes intentions ; mais, de grâce, ne vous chargez pas de notre bonheur.

Comme le dit M. le Ministre, il y a trois moyens puissants pour améliorer notre sort : « l'instruction qui rend le la-
« beur plus productif, la moralité qui économise les fruits
« du travail, la discussion pacifique des intérêts qui pro-
« duira la lumière sur les questions encore obscures. »
Mais pour employer ces trois moyens, il nous faut une condition première, qui est la liberté ! C'est quand je me sens libre et responsable que j'ai recours à la *discussion pacifique*, que j'éprouve le besoin de l'*instruction* et que je comprends la nécessité de la *moralité*. Il est donc vrai de dire que la plus sûre manière d'améliorer notre sort est tout d'abord d'obtenir la liberté !

M. le Ministre ne reconnaît-il pas lui-même implicitement cette conséquence en citant, à propos des Sociétés ouvrières, les paroles de son collègue, M. le Ministre du commerce : « Pour le succès des Sociétés ouvrières il faut une « somme de vertus bien supérieure à la somme des capi- « taux. » Les vertus ne supposent-elles pas la liberté ? Existent-elles pour l'esclave ? il n'en a qu'une qui est la négation de toutes, c'est l'obéissance aveugle, *servitus obedientia est fracti animi et abjecti, arbitrio carentis suo;* et qui dit vertu dit effort de la liberté.

Les vertus sont les produits, les intérêts, les arrérages de la liberté, et si vous ne nous dispensez ce précieux capital que parcimonieusement, peu à peu, en menue monnaie, au lieu de nous le confier tout entier et de le répandre en pluie d'or, suivant une expression de M. le Ministre, il ne faudra pas vous étonner de nous trouver dépourvus des vertus qui font l'homme et le citoyen, mais il ne faudra pas nous le reprocher ; c'est vous qui nous aurez rendus incapables et bien préparés à votre tutelle gouvernementale.

Ainsi donc, pas d'équivoques : pour arriver à la réalisation du progrès et pour remédier à l'état présent des choses, concluons nettement à la restitution de nos libertés, et non, comme M. Duruy, à l'intervention plus ou moins efficace et toujours dangereuse, comme nous l'avons démontré, d'un gouvernement plus ou moins populaire, mais aussi plus ou moins faillible. Et, pour finir par une considération analogue à celle de M. Duruy, quand les princes et les empereurs, voire même les ministres reviendront dans notre pays ou dans notre ville et qu'ils seront étonnés de notre industrie, de notre bien-être, de nos progrès, de notre force et de nos vertus, que nous puissions leur montrer simplement la statue de la Liberté !

Association typ. lyonn. — Regard, rue Tupin, 31

www.ingramcontent.com/pod-product-compliance
Lightning Source LLC
Chambersburg PA
CBHW061615040426
42450CB00010B/2502